Anton und die Tücken des Alltags

Anton und die Tücken des Alltags

von

Gisela Paprotny

Bibliografische Information der Deutschen Nationalbibliothek
Die Deutsche Nationalbibliothek verzeichnet diese Publikation in der
Deutschen Nationalbibliografie; detaillierte bibliografische Daten sind
im Internet über http://dnb.d-nb.de abrufbar.

© 2013 Gisela Paprotny
Satz, Umschlaggestaltung, Herstellung und Verlag:
BoD – Books on Demand
ISBN 978-3-7322-0779-4

Inhalt

Vorwort	7
Der Wespenstich	9
Der Krieg	16
Der Pfingstausflug	27
Der Nikolaus	33
Die Zugfahrt	37
Die Einschulung	40
Die Fische	44
Die Steinpilze	49
Der Winter	53
Unsere Streiche	60
Das Osterfeuer	65

Vorwort

Hallo Fans!« Als ich noch ein kleiner Junge war, war ich ein ganz cooler Typ.

Es wird euch sicher interessieren, wenn ich euch ein paar kleine Geschichten aus meinem Leben erzähle.

Was heißt Geschichten! Es waren spannende Abenteuer. Ganz nebenbei bemerkt waren einige von ihnen nicht ganz ungefährlich.

Aber Freunde bleibt cool, denn ich werde euch nicht gleich am Anfang meiner Erzählung mit dem Schlimmsten erschrecken. Lasst mich ganz früh beginnen. Es war an einem Sonntagmittag so kurz vor zwölf Uhr. Meine Mutter stand am Herd und in der Pfanne lagen drei leckere Kotelett. In dem Moment hat mich der Klapperstorch durch den Schornstein und direkt in die Pfanne mit den Koteletts geworfen. Jedenfalls haben meine Eltern das so erzählt.

Später habe ich die Geschichte nicht mehr geglaubt, denn ich war ein kluger Junge.

Ich möchte mich zwar nicht selber loben, aber immer wenn ich meine Fotos aus Kindertagen anschaue, muss ich zugeben, dass ich ein Prachtkerl war.

Ich hatte goldgelbe Locken, himmelblaue Augen und ein Gesicht wie ein Pfirsich. Ich bin stolz auf mich.

Aber, eitel bin ich nicht, nein, davon bin ich meilenweit entfernt. Jedoch, mutig war ich schon, aber nur ab und zu. Man kann auch sagen, dass ich oft ein wenig leichtsinnig war.

Aber, wäre ich nicht so gewesen, wäre mein Leben

nicht so spannend verlaufen. Nur ein paar Dinge haben meine Nerven doch ein wenig strapaziert.

Zum Beispiel, wenn meine Mutter mir ein Kleid meiner Schwester angezogen hat. Schuld daran waren meine langen, blonden Locken.

Meine Eltern liebten meine Locken. Erst kurz vor meiner Einschulung wurden sie abgeschnitten. Erst dann war ich ein richtiger Junge.

Aber bis dahin, musste ich durch eine harte Schule gehen und gewisse Dinge habe ich bis heute nicht wieder vergessen.

Der Wespenstich

Erinnert ihr euch noch daran, als ihr zum ersten Mal eine Wespe gesehen habt.

Ich habe es bis heute nicht vergessen. Ich war fünf Jahre alt, und spazierte mit nackten Füßen in der Wohnung umher.

Da sah ich eine Wespe auf dem Fußboden liegen. Natürlich kannte ich keine Wespe. Sie lag auf dem Rücken, summte, und drehte sich im Kreis herum.

Zuerst habe ich sie angehaucht, aber damit konnte ich die Wespe nicht beeindrucken. Sie summte weiter und drehte sich immer noch im Kreis herum. Der wollte ich schon zeigen, wer der Herr im Haus ist, sie sollte endlich mit dem Summen aufhören, denn sie hatte hier nichts zu suchen.

Kurzerhand stellte ich meinen Fuß auf die Wespe. Ihr könnt euch sicher vorstellen was dann geschah. Die Wespe ging ihrerseits zum Angriff über, und drückte ihren Stachel in mein zartes Füßchen. Zu allem Übel auch noch in meinen großen Zeh. Der Schmerz ließ mich zur Salzsäule erstarren. Aber dann brüllte ich los. Das Brüllen eines Löwen war dagegen harmlos. Kurz darauf wurde mein Zeh dick, er schimmerte in allen Farben, und ich war für ein paar Tage außer Gefecht gesetzt.

Aber das Leben geht weiter, der Schmerz verging und so ein cooler Junge wie ich, lässt sich doch von so einer dummen Wespe nicht aus dem Gleichgewicht bringen. Allerdings bin ich nicht mehr ohne Schuhe herumgelaufen.

Ein paar Tage später wollte ich wissen, was in der großen, weiten Welt so los ist.

Zuerst wollte ich unseren Hof und unseren Garten erkunden.

Die Treppen zum Hof bin ich vorsichtshalber rückwärts, auf Händen und Füßen hinunter gekrabbelt, denn die Stufen waren mir unheimlich, weil ich schon ein paarmal hinuntergefallen bin, und dass wollte ich mir ersparen.

Außerdem hatte ich den Wespenstich noch nicht vergessen. Ich musste etwas vorsichtiger werden.

Nachdem ich die Treppen überwunden hatte, bin ich den Gartenweg entlanggegangen. Vor unserem Erdbeerbeet bin ich stehengeblieben. Die roten Früchte haben mich angelacht. Ich habe mich ins Erdbeerbeet gesetzt und eine Beere nach der anderen in den Mund gestopft.

Während ich genüsslich die Beeren verspeist habe, ist vor mir in den Erdbeerbüschen ein kleines graues Tier herumgekrabbelt. Zuerst habe ich es von allen Seiten betrachtet, dann hochgehoben und zu meiner Mutter getragen. Als ich mit dem Tier in die Küche gekommen bin, war sie ganz und gar nicht begeistert. Ich musste das Tier sofort wieder in den Garten tragen. Sie hat zu mir gesagt: »Anton, dass ist eine Kröte und ein sehr nützliches Tier, sie frisst Schnecken und anderes Ungeziefer. Wenn du sie nicht schnell wieder zurückbringst, fressen die Schnecken die Erdbeeren auf.

Jetzt wusste ich auch, was das für ein Tier ist. Also habe ich die Kröte schnell wieder zurück ins Erdbeerbeet getragen.

Es hat nicht lange gedauert und ich hatte Warzen an den Händen. Meine Oma hat zu mir gesagt, dass die

Kröte mir die Warzen übertragen hat. Dann hat sie mir einen schwarzen Bindfaden gegeben. Ich musste meine Warzen zählen und so viele Knoten, wie Warzen, in den Bindfaden knoten. Ich durfte aber mit niemanden darüber reden. Den Bindfaden sollte ich hinter mich werfen und die Warzen vergessen.

Ich hatte die Warzen längst vergessen, als mir eines Tages aufgefallen ist, dass ich keine Warzen mehr hatte. Die Sache mit dem schwarzen Bindfaden und den Knoten hatte geholfen.

Was es so alles im Leben gibt. Es geschehen tatsächlich noch Dinge, die man sich nicht erklären kann.

An einem besonders schönen Tag wollte ich im Sandkasten spielen. Ich wollte ein paar schöne Sandkuchen backen und den Sand wieder einmal so richtig durchsieben.

Aber, als ich über den Hof gehen wollte, erweckten unsere Hühner meine Neugier. Die Hühner gackerten aus vollen Hälsen. Was sollte der Krach am frühen Morgen?

Ein Huhn nach dem anderen stieg die Hühnerleiter hinauf und verschwand im Hühnerhaus. Das machte mich neugierig.

Kurz entschlossen folgte ich den Hühnern. Zuerst bin ich, wie die Hühner, die Hühnerleiter hinaufgestiegen. Dann habe ich meinen Kopf durch die kleine Luke des Hühnerstalls gesteckt und hineingeschaut. Die Hühner saßen friedlich nebeneinander, aber ein Huhn gackerte lauter als das andere. Aber warum verursachten die Hühner solch einen Lärm, wo sie doch so friedlich auf ihren Nestern saßen?

Ich kroch durch die kleine Luke, aber das hätte ich unterlassen sollen, denn nun flogen alle Hühner aus ihren Nestern und aus dem Gackern wurde ein höllisches Spektakel.

In dem Durcheinander ist ein Ei aus dem Nest gefallen. Ich bin neugierig geworden und habe alle Nester untersucht. Jetzt wusste ich auch, warum die Hühner so einen Lärm verursachten. Wir sollten die Eier aus den Nestern holen.

Nun wusste ich auch, woher meine Mutter immer die Eier holte. Gerade als ich das erste Ei in meine Hosentasche stecken wollte, ging die Luke zum Hühnerhaus auf und meine Mutter, aufgeschreckt durch den Lärm der Hühner, schaute mich erstaunt an und fragte: »Anton, was machst du hier?« Dann hat sie mich aus dem Hühnerhaus geholt.

Ich musste mich ausziehen und baden, denn an meiner Kleidung hing reichlich Hühnermist. Als ich frisch gebadet und wieder angezogen war, hat meine Mutter Rührei für mich gebacken.

Schließlich stand mir für die Erkundung des Hühnerhauses auch eine kleine Belohnung zu.

Wenn wir gerade vom Essen sprechen, muss ich sofort an Erbsen denken. Mit den Dingern habe ich ein unerfreuliches Erlebnis gehabt. Mit Erbsen muss man vorsichtig umgehen. Essen kann man sie erst, wenn sie gekocht sind, sonst sind sie zu hart.

Wenn sie allerdings noch im Garten stehen, schmecken sie vorzüglich. Dann sind sie grün und süß. Aber man kann auch mit ihnen spielen. Sie kullern so schön.

Allerdings rate ich jedem, die Erbsen nicht in die Nase

zu stecken. Ich habe ausprobiert, wie viele Erbsen in meine Nase passen. Ich glaube es waren so acht Stück.

Nur wenn man sich schlafen legt, sollte man sie vorher wieder aus der Nase holen. Ich habe es leider vergessen.

Am nächsten Morgen war meine Nase noch einmal so dick wie vorher. Die Erbsen waren in der Nacht gequollen.

Aber, da war ja noch meine Oma.

Als ich am frühen Morgen schnaufend und leicht deprimiert die Küche betrat, hat meine Oma sofort gejammert: »Junge, wie siehst du denn aus, was hast du denn mit deiner Nase gemacht?« Das Gejammere war groß. Meine Oma hat mich auf ihren Schoß genommen und eine Erbse nach der anderen aus meiner Nase herausgeholt. Danach war ich wieder okay.

Ja, so ist das Leben. Man lernt täglich etwas dazu.

Auch die ersten Stachelbeeren, in unserem Garten, hatten es in sich. Sie waren noch klein und grün, aber sie schmeckten schon sooo lecker. Auch als meine Schwester mich gewarnt hat: »Die Stachelbeeren sind noch nicht reif«, habe ich trotzdem so viele in mich hineingestopft bis die letzte Stachelbeere nicht mehr rutschen wollte.

Aber dann ging es los, ich bekam höllische Leibschmerzen. Notgedrungen blieb mir nur eine Richtung, ich bin in einem höllischen Tempo auf unser Plumpsklo gerannt.

Was sagt ihr, ihr wisst nicht was ein Plumpsklo ist? Ist nicht schlimm, denn wir kannten auch noch keine Toilette mit Wasserspülung.

Also, dann erkläre ich euch jetzt, was ein Plumpsklo ist.

Ein Plumpsklo ist ein viereckiger Schacht mit einem Holzsitz oben drauf.

Wer noch klein ist, muss vorsichtig sein, dass er nicht durch die Öffnung rutschst, sonst landet er direkt auf dem, was er gerade fallen gelassen hat. Aber, meine Eltern waren vorsichtige Leute. Sie haben hinten auf den Sitz ein Brett gelegt. Trotzdem wäre ich einmal beinahe in die Grube gefallen. Mein Vater hatte Jauche in den Garten getragen und vergessen, die Abdeckung wieder ordentlich auf die Grube zu legen.

Als es langsam dunkel wurde, habe ich noch einmal das Haus verlassen. Ich wollte, wie gewohnt, von den Stufen auf die Abdeckung springen. Im letzten Augenblick habe ich die offene Grube gesehen. Ich konnte mich gerade noch an den Grubenrand klammern und um Hilfe rufen. Meine Eltern erlitten beinahe einen Schock und haben mich ans sichere Ufer gezogen. Ich hatte Glück, was unserer Katze allerdings nicht holt war. Sie lag in der Grube und ließ sich nicht wieder herausfischen. Wir konnten nur noch um sie trauern.

Auch im Winter lauerten Gefahren in der Toilette. Mann musste darauf achten, dass man nicht festfriert. Es zog von unten, und die Wände waren mit Eiskristallen bedeckt und glitzerten.

Aber Freunde, seid vorsichtig und leckt nicht an einer gefrorenen Wand, es schmeckt nicht. Ich habe die Erfahrung gemacht.

Aber ich habe nicht nur an der Toilettenwand, sondern auch noch an der vereisten Türklinke geleckt. Ich wollte wissen ob das Eis dort besser schmeckt.

Aber auch das sollte man nicht machen, denn meine

Zunge ist sofort an der Türklinke festgeklebt, und ich habe gebrüllt wie ein Eisbär. Ich musste warten, bis meine Mutter meine Zunge mit warmen Wasser von der Türklinke wieder befreit hat.

Auch das Toilettenpapier war nicht gerade vom Feinsten.

Es war Zeitungspapier, natürlich passend zurechtgeschnitten. Jetzt wollt ihr Lümmels natürlich wissen, ob das Papier Druckerschwärze hinterlassen hat. Schämt euch, wie könnt ihr nur so neugierig sein.

Aber ich sage es euch im Vertrauen, ich habe nicht nachgesehen. So kleine Geheimnisse würde ich natürlich auch für mich behalten.

Aber, über ein schreckliches Missgeschick, möchte ich noch berichten. Eigentlich geht das niemand etwas an, aber um kleine Jungen vor Schaden zu bewahren, rate ich jedem, zieht keine Hose mit einem Reißverschluss an.

Ich sage nur, wenn ihr einmal euer bestes Stück im Reißverschluss eingeklemmt habt, dann jodelt ihr.

Lacht nicht, ich konnte auch nicht lachen.

Aber, dass war noch nicht das Schlimmste, was ich erlebt habe.

Der Krieg

Es kam eine schlimme Zeit auf uns zu, welche auch, einem noch so coolen Jungen, wie mir, ganz schön auf die Nerven gegangen ist. Ich habe zuerst gar nicht gewusst was läuft. Plötzlich hatten wir nichts mehr zu essen. Ich habe protestiert, weil meine Mutter, mir so wenig zu essen gegeben hat, denn ich hatte Hunger.

Meine Mutter hat mich traurig angeschaut und gesagt: »Anton, wir haben Krieg und viele Menschen haben Hunger.«

Kann sich ein kleiner Junge vorstellen, was Krieg bedeutet? Sicher nicht. Trotzdem fand ich den Krieg zuerst ganz lustig. Hoch oben am Himmel flogen immer wieder kleine, silberne Flugzeuge entlang. Und das Schönste daran war, dass sie immer, glänzende Silberstreifen herunter geworfen haben.

Leider erschien, immer, wenn ich die Streifen einsammeln wollte, meine völlig aufgeregte Mutter und hat mich ins Haus gezogen. Ich habe nur nicht verstanden, warum sie mich dann auch noch in den Keller gesperrt hat. Ich hatte doch nichts verbrochen. Ich wollte doch nur mit den schönen Silberstreifen spielen.

Aber bald habe ich erkannt, dass Flugzeuge auch gefährlich sind. Eines Tages war so ein schönes, silbernes Flugzeug vom Himmel gefallen. Unsere Nachbarin wollte sich das abgestürzte Flugzeug anschauen und meine Mutter sollte sie begleiten. Auch ich wollte das Flugzeug sehen, und bin mit meiner Mutter und der Nachbarin zur Absturzstelle gegangen. Für alle Menschen aus unserer Siedlung war es ein großes Ereignis. Schon von weitem haben wir gesehen, dass das Flugzeug lichterloh brannte. Die Menschen sind aufgeregt hin und hergelaufen, weil die beiden Piloten bewusstlos, und schwer verletzt, mit den Beinen im Feuer lagen.

Ein paar mutige Männer wollten die Piloten aus dem Feuer ziehen, aber es wurde ihnen verboten. Könnt ihr euch das vorstellen? Die Wachposten wollten jeden, der sich den Feinden nähern würde, erschießen.

Angeblich war es zu gefährlich, weil das Flugzeug viel Munition an Bord hatte. Alle Anwesenden mussten mit ansehen, wie die armen Piloten verbrannt sind.

Die Wachposten haben sich, den Piloten gegenüber schändlich verhalten und dabei vergessen, dass sie tief in der Schuld eines englischen Piloten standen. Auch der Pilot war mit seinem Flugzeug abgeschossen worden und war im Sturzflug auf den Schulhof der Blankenburger Schule zugeflogen. Aber als der Pilot die vielen Kinder auf dem Schulhof sah, hatte er das Flugzeug noch einmal hochgerissen. Daraufhin hatte er den Turm der Kirche gestreift und war auf ein Haus gestürzt. Dabei hatten der Pilot und 32 weitere Menschen den Tod gefunden. Er hätte den Absturz überleben können, damit aber viele Kinder in den Tod gerissen. Leider hat sich, bis zum heutigen Tag, niemand bei den Angehörigen des Piloten für sein Opfer bedankt. Es wurden nur die Menschen, unter ihnen 10 Kinder, im Lichtspieltheater aufgebahrt und betrauert.

Dann wurde der Krieg auch für uns zu gefährlich.

Wir mussten unser Haus verlassen. Meine Eltern haben unseren Handwagen aus dem Schuppen geholt. Sie haben unser Bettzeug, und allerlei wichtige Dinge fürs Leben aufgeladen, und sind mit uns mitten in der Nacht über den Kirschberg gefahren.

Was ein Kirschberg ist wisst ihr doch, oder? Also, kurz gesagt, am Ende unserer Straße liegt eine kleine Anhöhe, und darauf stehen Kirschbäume. Das war unser Kirschberg und der Lieblingsspielplatz aller Kinder.

Aber zurück zu unserer nächtlichen Wanderung.

Nachdem wir den Kirschberg überwunden hatten, standen wir kurz darauf vor einem großen, eisernen Tor. Und erst als mein Vater lange und beschwörend auf die Torwächter eingeredet, und auf uns Kinder hingewiesen hat, haben sie das Tor aufgeschlossen und wir durften in den Stollen gehen.

Ja, ihr hört richtig. Ein tiefer, dunkler Grubenstollen lag vor uns. Und auf beiden Seiten des Stollens, auf der kalten Erde, lagen verwundete Soldaten. Wir sind weiter an den Soldaten vorbeigefahren und ich empfand tiefes Mitleid mit ihnen. Gewiss hatten sie Hunger und ihnen war kalt auf der blanken Erde. Wenn ich heute daran zurückdenke, waren die Soldaten gewiss heilfroh darüber, dass sie überhaupt noch lebend im Stollen untergekommen sind. Wir sind mit unserem Handwagen weiter über Steine und Geröll gefahren, bis der Stollen endlich breiter und heller wurde.

Und dann sahen wir die vielen Menschen. Sie lagen auf dem Holzboden oder auf Matratzen. Sie sind durcheinander gelaufen, haben sich gestritten, oder sich unterhalten. Außerdem sind viele Kinder in der Menschenansammlung hin und hergelaufen. Meine Mutter war entsetzt, und wollte sich absolut nicht in diese Menschenmassen einquartieren lassen. Also zogen wir weiter, in den nächsten dunklen Gang hinein. Der war ebenso geräumig, wie der große überfüllte Raum. Dort haben meine Eltern für uns einen Wohn- und Schlafplatz eingerichtet. Nachdem mein Vater zwei Karbidlampen angezündet hatte, konnten wir uns bewegen, ohne über irgendwelche Gegenstände zu stolpern.

Auch unsere Nachbarn, und weitere Menschen, gesellten sich zu uns, und bauten ihren Schlafplatz neben dem unsrigen auf.

Doch gerade als wir uns häuslich niedergelassen hatten, erschien ein Ordnungshüter und forderte uns auf, den ungesicherten Ort sofort wieder zu verlassen.

Mein Vater hat in diesem Bergwerk gearbeitet und kannte die Verhältnisse. Er hat sofort die Verantwortung für unsere Sicherheit übernommen, und wir durften auf eigene Gefahr vor Ort bleiben. Mein Vater, hat nun täglich mit einer langen Eisenstange, die Stollen-Decke nach losem Gestein abgesucht, sodass niemand durch herabfallende Steine verletzt werden würde. Eines Tages erschien ein Wächter und hat uns eine Karbidlampe weggenommen. Meine Oma hat sich mächtig ins Zeug gelegt und um unsere Lampe gestritten, aber der Wächter war stärker. Mein Vater hat aber schnell wieder eine Lampe gebracht und wir hatten wieder Licht.

So vergingen Wochen und ich fühlte mich eingesperrt, wie eine kleine Maus in einer großen, dunklen Höhle. Du kannst der coolste Typ sein, aber der Mensch braucht Luft und Licht zum Leben. Also schlich ich heimlich, gemeinsam mit meinem Freund, aus den Stollen, und wir sind gemütlich über den Kirschberg spaziert. Und dort wurde es plötzlich interessant für uns, denn vor uns lagen Soldaten, mit Maschinengewehren, in ausgeworfenen Schützen-Gräben. Aber, dass war nicht das Interessanteste, denn plötzlich flogen Flugzeuge im Tiefflug zu den Soldaten hin und schossen aus allen Rohren. So etwas Spannendes hatten wir noch nicht gesehen.

Leider konnten wir dem interessanten Geschehen nicht lange beiwohnen, denn plötzlich stand meine Oma vor uns und zog uns zurück in den Stollen. Unterwegs wetterte sie was das Zeug hielt. Wir hätten uns leichtsinnig verhalten und die Engländer hätten uns erschießen können. Ich schaute meine Oma nur verständnislos an und erklärte ihr, dass mein Schutzengel mich beschützen würde.

Als wir im Stollen angekommen waren, mussten wir noch ein Donnerwetter über uns ergehen lassen, denn unsere Eltern hatten uns schon überall gesucht. Am nächsten Morgen herrschte wieder Ruhe. Unser kleiner Ausflug hat schließlich niemandem einen Schaden zugefügt. Die Zeit verging, und als ich schon dachte, dass wir im Stollen verschimmeln werden, kam plötzlich Bewegung in die Menschenmassen.

Eines Morgens verursachten die Menschen einen höllischen Lärm und verließen fluchtartig den Stollen.

Erst als die erste Welle der Flüchtenden davongezogen war, verließen auch wir mit unseren Habseligkeiten den Stollen.

Auf dem Kirschberg blühten die Bäume, und die Luft duftete wie Milch und Honig. Diesen Duft habe ich bis heute nicht vergessen. Auch in den Jahren danach zog es mich immer wieder zu den blühenden Kirschbäumen hin.

Als wir endlich wieder Zuhause waren, waren wir glücklich, dass unser Haus, bis auf eine zerbrochene Fensterscheibe unversehrt geblieben ist. Endlich konnten wir wieder im eigenen Bett schlafen, und die Ruhe im Haus genießen. Leider gab es immer noch nicht genug zu essen.

Eines Morgens in aller Frühe, kam unsere Nachbarin mit der Botschaft zu uns, dass auf der Bast-Wiese erschossene Pferde liegen. Meine Mutter begleitete die Nachbarin, um Pferdefleisch zu holen. So gegen Mittag kam meine Mutter völlig erschöpft und niedergeschlagen wieder zurück. Unser Nachbar hatte die Eimer mit Fleisch gefüllt. Meine Mutter hat es nicht übers Herz gebracht, Fleisch aus den Pferden herauszuschneiden. Aber mit Hilfe der Nachbarn besaßen wir jetzt einen großen Fleischvorrat. Nur kein Salz.

Glaubt mir, es gab kein Salz zu kaufen. Und könnt ihr euch vorstellen wie Pferdefleisch ohne Salz schmeckt.

Meine Mutter hat das Fleisch dann vorsorglich in Gläser eingekocht.

So blieb auch weiterhin der Hunger unser Weggefährte. Eines Morgens, ich lag noch im Bett, kam mein Vater mit einem ganzen Sack voller Ölsardinen ins Haus. Die Freude war unbeschreiblich. Die Amerikaner hatten einen Wagen mit Lebensmittel im Wald zurückgelassen, und mein Vater hat die Ölsardinen gefunden.

Nun war es aber verboten, jegliche Gegenstände aus dem Wald zu holen. Darum hat mein Vater die Ölsardinen im Keller unter dem Kartoffellager versteckt.

Schon am nächsten Tag stand der Dorfpolizist vor unserer Haustür und hat das Haus durchsucht. Die Sardinen hat er nicht gefunden, oder er wollte sie nicht finden, denn mein Vater und er waren gerade Berufskollegen geworden. Bevor der Polizist unser Haus wieder verlassen hat, sagte er noch zu meinem Vater: »Franz, nun sag schon, wo du die Sardinen versteckt hast.«

Mein Vater schaute seinen Kollegen erstaunt an und fragte ihn: »Heinz, du hast das Haus durchsucht, und, hast du irgendwo Sardinen gefunden?« Als der Polizist verneinte, ging mein Vater noch einmal zurück in den Keller, holte fünf Dosen Sardinen und überreichte sie dem Kollegen mit den Worten: »Hier, ich schenke sie dir, lass sie dir schmecken.« Damit war die Angelegenheit erledigt. Und der Polizist war glücklich, dass er ein paar Ölsardinen für seine Familie bekommen hat.

Die Sardinen halfen uns über die schwere Zeit hinweg. Den Fisch und das Fett hatten wir bitter nötig. Nur ich habe wieder einmal lernen müssen, dass man nicht eine ganze Dose Ölsardinen allein aufessen darf. Ihr könnt euch sicher vorstellen, wo ich die nächsten Stunden zugebracht habe. Aber die Ölsardinen reichten nicht ewig, und wir litten weiter Hunger.

Aber das alles war nicht so schlimm als das was wir dann zu Gesicht bekamen. Und das begann folgendermaßen. Eines Morgens stand die Nachbarin vor unserer Haustür und erklärte meiner Mutter: »Lotte, du musst mitkommen.« Die Nachbarin und meine Mutter waren befreundet. Sie kauften gemeinsam ein und besuchten sich oft zu einem kleinem Plausch. Nachdem meine Mutter sich nach dem wohin und warum erkundigt hatte, erklärte die Nachbarin, dass das Konzentrationslager unten in der Lehmkuhle aufgelöst worden ist, dort wurde Boden für die Ziegelei abgebaut, und sie sich das einmal ansehen müssten. Nach anfänglichem Zögern erklärte meine Mutter sich bereit. Ich hatte dem Gespräch beigewohnt und da auch die Tochter der Nachbarin mitgehen wollte folgte ich selbstverständlich der kleinen Gesellschaft. Als wir den Ort der Grausamkeit erreicht hatten, standen dort verlassene Baracken. Während wir noch unschlüssig vor den leeren Gebäuden standen und meine Mutter sich nach den Gefangenen erkundigte, teilte die Nachbarin meiner Mutter mit, dass die Gefangenen wohl erschossen wurden und in der Nähe in einem Massengrab verscharrt worden sind. Meiner Mutter wurde der Ort daraufhin unheimlich und sie wollte den unmenschlichen Ort sofort verlassen. Ich wollte noch einen Blick in die verlassenen Baracken werfen und lief in die nächste Baracke. Im Inneren des Gebäudes war nicht viel zu sehen. Es lag nur Stroh auf dem Fußboden. Enttäuscht ging ich hinaus und konnte nicht verstehen, warum meine Mutter mich so entsetzt anschaute. Erst als sie rief: »Anton was hast du an deinen Beinen?« , schaute ich auf meine Beine und erkannte, dass ich schwarze Kniestrümpfe trug. Ich war verblüfft, denn so etwas hatte ich noch nicht erlebt. Erst als meine Mutter rief: »Lauft so schnell ihr könnt, das sind Flöhe!«, wurde mir bewusst, dass ich die kleinen Blutsauger, die ich bis dahin noch nicht kannte, in der Baracke aufgesammelt hatte.

Auch wenn ich sofort gebadet worden bin, und meine Kleidung sofort in den Waschkessel gesteckt worden war, fanden wir noch hin und wieder so einen kleinen Plagegeist in unseren Betten wieder. Es wurde noch lange von den armen Menschen, die in so unmenschlichen Verhältnissen dahin vegetieren mussten und ermordet wurden gesprochen. Einmal waren diese Männer in diesen komischen Streifenanzügen an unserem Haus vorbeigegangen. Ein sehr schwacher Sträfling war stehen geblieben, sofort war er von einem der Wachmänner geschlagen und zum gehen aufgefordert worden. Als ich meine Mutter gefragt hatte, warum der Onkel geschlagen wird, hatte meine Mutter mir den Mund zugehalten und wir sind sofort ins Haus gegangen. Sie hat die Menschen bedauert, aber sie hatte auch Angst vor den Wachmänner, denn sie trugen Gewehre bei sich. Niemand durfte helfen.

Wir wurden von Tag zu Tag schwächer. Unsere mageren Körper, waren übersät mit Ausschlag. Mich hatte es wieder einmal besonders hart erwischt, denn ich hatte auch noch eine Lungenentzündung. Der Arzt wollte mich ins Krankenhaus fahren, er hat aber sofort gesagt, dass ich sterben werde, weil keine entsprechenden Medikamente zur Verfügung stehen würden. In der aussichtslosen Situation, hat meine Mutter beschlossen, mich bis zu meinem Dahinscheiden, persönlich zu pflegen.

Aber, so eine dumme Krankheit konnte mich doch nicht ins Jenseits befördern. Ich muss allerdings auch zugeben, dass es auch an der liebevollen Pflege meiner Mutter lag, dass ich wieder gesund geworden bin. Meine Mutter hat Fischöl aus Bremerhaven geholt und das hat mir wieder auf die Beine geholfen. Sie hat dabei ihr Leben aufs Spiel gesetzt, denn die Züge waren überfüllt. Die Fahrgäste standen auf den Puffern, auf den Trittbrettern und saßen sogar auf den Dächern der Zugwagons.

Meine Mutter hat die Zonengrenze bei Eis und Schnee überquert. Und jeder der es gewagt hat, die Zonengrenze zu überschreiten, wurde von den Grenzposten erschossen.

Dann wurden die Grenzen unüberwindbar, es war nicht mehr möglich Lebensmittel aus Bremerhaven zu holen. Aber meine Mutter hat uns vor dem Hungertod bewahrt.

Der Sommer kam und ich war endlich wieder gesund.

Ich konnte zwar schon wieder auf den Hof gehen, aber meine Mutter musste mir einen Mantel und eine Mütze anziehen, weil ich immer gefroren habe. Als ich so angezogen aus dem Haus kam, wurde ich von den Nachbarskindern verspottet, denn es war Sommer und es war sehr warm. Auch meine Geschwister haben leicht bekleidet im Sandkasten gespielt.

Aber auch das habe ich weggesteckt. Es hat nur ein paar Monate gedauert, bis ich wieder der Alte war. Aber Friede, Freude, Eierkuchen, wenn es dem Esel zu gut geht, geht er aufs Eis.

An einem Tag im Sommer bin ich von unserem Hof runter auf die Straße gelaufen. Ich habe zu unserem Nachbarhaus hingeschaut und meinen Augen nicht getraut, denn vor dem Haus stand ein großes Auto.

Aber Freunde, macht einen großen Bogen um Lastwagen. Ich war so dumm und habe das Gefährt gründlich untersucht. Eigentlich war auch alles ganz harmlos.

Weder der Fahrer noch sonst irgendein Mensch war zu sehen, und es war mucksmäuschenstill ringsum.

Ich war so aufgeregt. So gewaltigen Reifen, hatte ich noch nicht gesehen. Es roch nach Gummi und Benzin. Und ich wollte wissen, was das Auto geladen hat? Aber gerade als ich die Ladefläche erreicht hatte, heulte der Motor plötzlich auf. Ich wollte schnell wieder absteigen, aber ich war zu langsam. Ich habe mich am Lastwagen festgehalten und bin gelaufen wie der Teufel.

Aber ich war nicht schnell genug. Ich musste loslassen, und dass hatte böse Folgen für mich. Ich bin direkt auf mein Pfirsichgesicht gefallen. Ihr glaubt ja gar nicht, wie ich danach ausgesehen habe. Ich hatte wochenlang ein zerkratztes Gesicht. Und hätte meine Mutter nicht sofort den schwarzen Schotter aus meinem Gesicht entfernt, dann hätte ich jedem Streuselkuchen Konkurrenz machen können. Ja, das Leben ist nicht immer einfach für einen kleinen Jungen.

Der Pfingstausflug

Es gab aber auch coole Sachen in meinem Leben. Habt ihr schon mal in einem Tümpel, indem sich in der Nacht die Wildschweine tummeln, gebadet? So etwas kennt ihr nicht? Jedes Jahr am ersten Pfingsttag gingen meine Eltern, und unsere Nachbarn, mit uns Kindern zum Picknick in den Wald. Ihr findet nichts besonderes daran? Für uns war es etwas ganz Besonderes. Denn unsere Eltern hatten einen Spirituskocher, Kartoffelsalat und Würstchen im Gepäck, und dass war zur damaligen Zeit sensationell.

Zuerst mussten wir allerdings eine ordentliche Wegstrecke zurücklegen. Wir sind durch unsere Siedlung gegangen und dann immer weiter in den Wald hinein. Nach einer guten Stunde waren wir am richtigen Platz. Zuerst wurde Kaffee gekocht und die Würstchen heiß gemacht.

Dabei wurden wir Kinder nicht gebraucht. Also haben wir die Umgebung erkundet. Und es war warm. Die Sonne schien uns auf den Pelz und wir schwitzten gewaltig. Wir brauchten unbedingt eine kleine Erfrischung. Glücklicherweise floss am Wegesrand ein kleiner Bach entlang, der zugleich zwei Fischteiche mit Frischwasser versorgte. Dort wollten wir uns ein wenig abkühlen.

Wir haben unsere Schuhe ausgezogen und unsere Füße in den Bach gehalten. Leider war das Wasser sehr kalt. Nach einer kurzen Erfrischung haben wir uns noch ein wenig die Teiche angeschaut und dabei einen kleinen Wassertümpel entdeckt.

Das sich dort in der Nacht die Wildschweine drin getummelt haben, hat uns nicht gestört.

Wir haben uns ausgezogen und sind in den Tümpel gestiegen. Das Wasser war angenehm warm aber der Grund des Tümpels bestand aus Moorast. Wir haben soviel Schlamm aufgewühlt, dass wir kurz darauf schwarz waren wie die Neger. Was haben wir gelacht. Nur unsere Schwester hat uns wieder einmal den Spaß verdorben.

Sie hat uns heimlich beobachtet und Aufnahmen von uns gemacht. Als ich später die Bilder angeschaut habe, wäre mir beinahe der Kragen geplatzt. Genau unser bestes Stück war ohne Morast und strahlte weiß wie eine Leuchtrakete.

Weil ich jedoch ein cooler Typ war, habe ich mich auch von solch nebensächlichen Dingen nicht unterkriegen lassen.

Bei einem unserer nächsten Ausflüge habe ich einen Berg bestiegen. Das war ein tolles Gefühl. Mann wird immer größer und fühlt sich frei wie ein Vogel. Aber macht nicht den gleichen Fehler, den ich gemacht habe, schaut bloß nicht nach unten, denn was ich dann gesehen habe, hat mir einen tüchtigen Schreck eingejagt.

Wenn man auf einem 10 Meter hohen Sprungbrett steht, kann man im Ernstfall die Leiter wieder hintersteigen.

Aber wenn keine Leiter an der Bergwand hängt, und man nicht so cool ist, wie ich es war, hat man glatt einen Kloß in der Hose.

Aus Sicherheitsgründen habe ich mich erst einmal festgehalten, und dann aber laut um Hilfe gerufen. Das ist doch menschlich, oder? Und das war kein Fehler, denn hätte ich nicht so laut um Hilfe gerufen, würde ich heute noch als vertrocknete Mumie in der Wand hängen.

Außerdem stand dort unten meine Schwester, und es war ihre heilige Pflicht auf ihren kleinen Bruder aufzupassen.

Sie hat mich zwar gewarnt, den Felsen nicht zu hoch hinauf zu klettern, aber wer hört schon auf seine Schwester.

Also, meine Schwester hat meine Hilferufe gehört und ist mutig den Berghang hinaufgestiegen. Anschließend hat sie mir ganz cool dabei geholfen den Felsen wieder hinunterzusteigen. Ich habe dadurch viel gelernt. Ich wollte niemals ein Bergsteiger werden.

Aber, ich wollte Polizist werden, wie mein Vater. Denn das war ein cooler Beruf. Da kann ich euch Geschichten erzählen, da geht euch der Hut hoch. Mein Vater war der stärkste und mutigste Polizist weit und breit.

Einmal hat er sogar einen Verbrecher von seinem Motorrad gezogen, ihn dreimal durch die Luft geschleudert und danach erschossen. Das glaubt ihr mir nicht?

Unser Hund war Zeuge. Purzel war ein richtiger Polizeihund, und er ist immer mit meinem Vater auf Streife gegangen. Zugegeben, ohne Purzel hätte mein Vater den Verbrecher nicht geschnappt, denn Purzel hat erst die Motorradreifen zerbissen, sodass der Verbrecher mit seinem Motorrad stehen bleiben musste, und mein Vater den Verbrecher vom Motorrad ziehen konnte.

Später war mir meine Geschichte ein wenig peinlich, denn als ich von der Heldentat erzählt habe, lag unser Hund bereits schwer verletzt in seiner Hütte. Ein Auto hatte ihn überfahren. Er hat mehrere Tage gebraucht um wieder gesund zu werden. Aber war die Geschichte nicht cool.

Nur das meine Schwester mich von jenem Tag an Münchhausen genannt hat stank mir gewaltig.

Eines Tages hatte ich die Faxen dicke. Ich bat meine Mutter mir eine Flasche mit Himbeersaft, eine saure Gurke und ein Stück Brot in meinen kleinen Rucksack zu legen.

Als alles eingepackt war, habe ich den Rucksack umgeschnallt und erklärt, dass ich fortgehen werde. Meine Mutter hat mir geraten, noch ein Stück Wurst einzupacken und mich gefragt, wo ich denn übernachten will.

Die Wurst habe ich noch eingepackt, aber dann bin ich losgezogen. Weit bin ich allerdings nicht gekommen, es waren nur ein paar Meter unsere Straße hinunter, denn es wurde bereits dunkel. Und das gefiel mir gar nicht. Also bin ich wieder zurückgegangen und habe meinen Auszug auf den nächsten Morgen verschoben.

Meine Mutter stand derweil wartend vor der Haustür, und sie hat sich gefreut, als ich wieder zurückgekommen bin.

Ich habe ihr selbstverständlich sofort erklärt, dass ich am nächsten Morgen ganz sicher weggehen werde.

Ich habe meinen kleinen Rucksack in eine Ecke unserer Wohnstube gelegt und bin ins Bett gegangen. Am nächsten Tag habe ich mich an meinen Vorrat im Rucksack erinnert. Zuerst habe ich die Wurst und die Gurke aufgegessen, und am nächsten Tag den Rest meiner Wegzehrung. Das Weggehen habe ich jeweils auf den nächsten Tag verschoben.

Bald hat niemand mehr gefragt, wann ich denn fortgehen will. Das wäre auch eine dumme Frage gewesen, denn Zuhause war es doch am schönsten. Außerdem hatte ich meine Wegzehrung schon aufgegessen, und ich wurde dringend gebraucht.

Mein Vater hatte einen Sack voll Weißkohl nach Hause gebracht. Er wollte Sauerkraut machen. Und da kam viel Arbeit auf uns zu, dass könnt ihr mir glauben, und ohne mich ging da gar nichts. Ich musste mir die Füße waschen, und den geschnittenen Kohl, Schicht für Schicht mit Salz in ein Fass einstampfen. Habt ihr das schon mal gemacht?

Ihr könnt mir glauben, es ist das beste Sauerkraut geworden, dass wir je besessen haben. Außerdem enthielt das Sauerkraut wertvolle Vitamine, die unsere Körper gerade im Winter dringend benötigten.

Der erste Schnee war für uns Kinder immer der schönste. Wir haben Schneemänner und einen Iglu gebaut. Ich habe natürlich wieder einmal alles organisiert. Damit wir in unserem Iglu nicht erfrieren würden, habe ich einen Sack vor den Eingang gehängt und zwei Kerzen angezündet. Unsere Schlitten haben wir als Sitzbänke benutzt.

Schlitten können nützliche aber auch unangenehme Gegenstände sein. Eines schönen Tages brachte mein Vater mir einen prächtigen Bob. Ich war nun nicht mehr der coolste, sondern auch noch der begehrteste Junge auf dem Kirschberg. Alle Kinder wollten einmal auf meinem Bob mitfahren.

Selbstverständlich war ich der Boss und mein Platz war grundsätzlich am Lenkrad, denn ich war der beste Lenker. Leider konnte ich nicht voraussehen, dass der Bremser zu dumm war den Schlitten vernünftig abzubremsen. Also, ich mache es kurz. Wir sausten in einem

Höllentempo den Kirschberg hinunter und knallten mit voller Wucht gegen einen Zaunpfahl. Und der stand fest, dass könnt ihr mir glauben. Meine Kumpels haben mich nach vorne geschoben, und dann habe ich Sterne gesehen. Freunde, ihr glaubt ja gar nicht, wie ich gejammert habe.

Mein kleiner Lümmel ist so arg gedrückt worden, dass meine Kumpels mich nach Hause transportieren mussten.

Auf meinen Wunsch hin hat mein Vater, dass gefährliche Ungetüm, von einem Schlitten, sofort wieder weggebracht. Als es mir wieder besser ging, habe ich es mit Ski fahren versucht.

Das war gar nicht so einfach. Die Biester wollten nicht so fahren, wie ich es wollte. Sie sind immer wieder in eine andere Richtung gefahren. Zuerst habe ich in unserem Garten geübt. Dann auf der Straße und bald darauf auf dem Kirschberg. Endlich hatte ich die Dinger fest im Griff. Ich bin immer schneller den Berg runter gefahren. Leider stand doch plötzlich dieser blöde Kirschbaum im Weg. Ich weiß bis heute nicht, wo der so plötzlich hergekommen ist. Jedenfalls war ein Ausweichen unmöglich. Das Ergebnis könnt ihr euch sicher denken, Spitzensalat, und Schluss mit Skifahren.

An manchen Tagen hat man ganz einfach Pech.

Der Nikolaus

Noch am selben Abend geschah Folgendes; ich saß so gemütlich auf dem Sofa, und meine Schwester erzählte mir gerade eine Story vom Nikolaus. Wenn die gedacht hat, dass ich Angst vor dem Bartheini habe, dann hatte sie sich gewaltig geirrt. Und als sie dann auch noch zu mir sagte: »Der Nikolaus steht am Fenster,« dachte ich, dass sie mich veräppeln will.

Ich habe mich vorsichtig umgeschaut, und der Nikolaus stand tatsächlich draußen vor unserem Fenster und schaute mich an. Wie schon gesagt, Angst hatte ich nicht, aber einen kleinen Schreck habe ich dann doch bekommen. Und zu allem Übel, ist mir doch tatsächlich meine blöde Zunge herausgerutscht. Was dann auf mich zugekommen ist, habe ich lange Zeit nicht mehr vergessen. Der Bärtige ist in unser Wohnzimmer reingekommen.

Und er hatte auch noch eine Rute und einen großen Sack in den Händen. Das war ja nun doch ein bisschen übertrieben.

Aber, wenn der gedacht hat, dass er mich versohlen und in den Sack stecken könnte, dann hatte er sich aber gewaltig geirrt. Ehe er wusste was läuft, war ich schon unter dem Sofa verschwunden. Denn ich wusste, dass er meinen Onkel auch schon mal in den Sack gesteckt, und über einen Zaun, in einen dick verschneiten Garten geworfen hat.

Und das wollte ich nicht mit mir machen lassen. Aber so schnell gab der Nikolaus nicht auf. Er fuchtelte mit seiner Rute unter dem Sofa herum, und ich musste mich in die äußerste Ecke verkrümeln. Erst als er mir hoch und heilig versprochen hat, dass er mich nicht in den Sack stecken wird, kam ich vorsichtig hervorgekrochen. Ich stand vor ihm und mir zitterten die Knie. Beinahe hätte ich mir in die Hose gepinkelt. Nun musste ich auch noch ein Gedicht aufsagen. Das war die Härte.

Danach war der Spuk vorbei. Der Bartheini packte seine sieben Sachen zusammen und zog ab. Ich habe mir die Schweißperlen von der Stirn gewischt und meine Schwester angeschaut. Die hat wieder einmal vor sich hin gegrinst und ich hätte zu gern gesehen, wenn der Nikolaus sie in den Sack gesteckt und für immer mitgenommen hätte.

Der Nikolaus hat sein Wort gehalten, er hat mich nicht in den Sack gesteckt. Aber, als ich am nächsten Morgen in meinen Pantoffel geschaut habe, lag eine dicke Kartoffel drin.

Zuerst habe ich gedacht, es wäre eine Marzipankartoffel.

Aber, als ich erkannt habe, dass es sich um eine ganz simple Kartoffel handelte, war es mit der Freude vorbei.

Die Kartoffel ist in hohem Bogen durch das Wohnzimmer geflogen, dass kann ich euch sagen. Wie konnte der Kerl nur so nachtragend sein.

Dann stand das Weihnachtsfest vor der Tür. Am Heiligen Abend mussten wir immer früh ins Bett gehen. Und ich war doch so neugierig. Ich bin immer wieder aufgestanden, habe durchs Schlüsselloch geschaut, und bin zum Fenster geschlichen. Ich wollte doch so gern den Weihnachtsmann und das Christkind kommen sehen.

Leider hat es wieder nicht geklappt. Auch am nächsten Morgen habe ich keine Spuren, vom Schlitten, im Schnee gefunden. Immerhin standen drei wunderschöne Pfefferkuchenhäuschen im Wohnzimmer. Zuerst habe ich die hintere Dachhälfte von meinem Pfefferkuchenhaus leer gegessen. Danach habe ich mich der vorderen Dachhälfte zugewandt. Und auch das Häuschen meiner Schwester stand kurz darauf ohne Bonbons da. Weil ich dachte sie mag keine Bonbons.

Aber das war ein Irrtum, denn der darauffolgende Protest meiner Schwester war nicht gerade vom Feinsten. Nachdem wieder Ruhe eingekehrt war, habe ich mich um den Christbaum gekümmert. Am Baum hingen selbst gebackene Plätzchen, und die durften doch nicht trocken werden.

Als ich schon dachte, dass ich als Plätzchen Dieb verurteilt werden würde, kam mir eine kleine Maus zu Hilfe. Sie wurde auf frischer Tat ertappt und ich wurde freigesprochen.

Ja, man muss eben sehen, dass man nicht zu kurz kommt.

Endlich, nach einem langen und kalten Winter kam der Frühling. Überhaupt war es im Frühling viel schöner. Da konnte ich Maikäfer vom Kirschberg holen. Auf dem Kirschberg standen ein paar junge Kirschbäume, und die habe ich kräftig geschüttelt. Die schlafenden Käfer sind wie reife Äpfel vom Baum herabgefallen. Einer nach dem anderen ist in meine Zigarrenkiste gewandert. Zuhause habe ich sie dann sortiert. Es gab Schornsteinfeger, Bäcker, und Müller, aber welche Namen die Käfer außerdem noch hatten habe ich vergessen. Abends habe ich sie dann wieder fliegen lassen. Manchmal habe ich die Käfer auch ein paar Tage in der Schachtel gelassen, aber dann waren ein paar Käfer tot. Darüber war ich sehr traurig, aber unsere Hühner haben sich über die toten Käfer gefreut, denn sie haben gern Maikäfer gefressen.

Auch unsere Katze hat Maikäfer gefangen und gefressen. Ja, ja, so ist das Leben, man muss es nehmen wie es kommt, und jedem Menschen widerfährt auch hin und wieder ein kleines Missgeschick.

Die Zugfahrt

Der Sommer verging ohne große Vorkommnisse. Aber dann kam es knüppeldick. Völlig überraschend fiel meiner Schwester wieder einmal eine neue Schikane ein.

Sie wollte unbedingt in den Harz fahren und Heidelbeeren pflücken. Das wäre ja auch gar nicht so schlimm gewesen, wenn der Zug nicht schon früh morgens um sechs Uhr abgefahren wäre. Und als wir im Zug saßen, mussten wir auch noch die neugierigen Blicke und Fragen der Bergleute über uns ergehen lassen. Bevor wir überhaupt Beeren pflücken konnten, lag noch ein Fußmarsch von eineinhalb Stunden vor uns. Erst dann haben wir die ersten Beeren gefunden.

Als ich meine kleine Kanne endlich voll gepflückt hatte, sollte ich die Beeren in den großen Eimer meiner Schwester schütten. Ich weiß nicht, was in so einem Mädchenkopf manchmal vor sich geht. So etwas ließ ich doch mit mir nicht machen. Meine Kanne war voll und außerdem hatte ich Hunger.

Also, setzte ich mich gemütlich neben einen großen Strauch und verputzte so viele Heidelbeeren, wie ich essen konnte.

Meine Schwester war natürlich total sauer, sie wollte doch unbedingt ihren Eimer voll pflücken. Aber was kümmerte mich meine Schwester. Ich bin stolz mit meiner vollen Kanne zum Bahnhof gegangen. Die Leute haben gestaunt, über meine schönen Beeren. Dann haben wir uns an die Gleise gestellt und auf den Zug gewartet.

Als der Zug endlich vor uns stand ging der Kampf los. Jeder wollte einen Sitzplatz im Zug ergattern. Selbstverständlich war ich der Schnellste. Wenn da nur nicht diese hohen Trittbretter gewesen wären. Ich bin gestolpert und habe die schönen Heidelbeeren vor dem Zugabteil ausgeschüttet. Aber, in dem Moment war der Sitzplatz wichtiger. Das Gesicht meiner Schwester habe ich erst gar nicht beachtet.

Wer mich allerdings ein bisschen nervös gemacht hat war dieser Zugschaffner. Er hat immer wieder nachgefragt, wem die Beeren auf dem Boden gehören würden. Meine Beeren waren es jedenfalls nicht mehr, denn meine habe ich ja verloren.

Auch mit unserem letzten Augustapfel hatte ich Pech.

Er hing hoch oben im Baum und lachte mich an. Ich bin jeden Morgen zum Apfelbaum gegangen und habe gehofft, dass der Apfel endlich vom Baum gefallen ist. Aber der Apfel ist nicht vom Baum gefallen.

Es blieb mir nichts anderes übrig, als ein wenig nachzuhelfen. Auf unserem Hof lagen lange Holzstangen. Ich habe mir die längste Stange ausgesucht, und bin damit frohen Mutes zum Apfelbaum gegangen. Der Apfel hing aber auch sehr hoch. Aber dass war für mich kein Grund aufzugeben. Ich habe so lange mit der Stange herumgestochert, bis der Apfel endlich heruntergekommen ist. Leider ist der Apfel direkt auf mein Gesicht gefallen. Aber ich hatte Glück, denn der Apfel war durch und durch faul, sonst hätte ich eine dicke Nase davongetragen. Ich hätte ihn doch schon eher herunterholen sollen. Im kommenden Jahr wollte ich aufmerksamer sein.

Als im nächsten Jahr die ersten Äpfel von den Bäumen fielen, habe ich jeden Tag probiert, ob sie schon schmecken würden. Leider waren die Äpfel sauer und sie blieben es auch. Darüber habe ich mich so geärgert, dass ich einen Apfel wütend fortgeworfen habe.

Aber, dass hätte ich nicht tun sollen, denn der Apfel ist unseren Hahn, dem dicken Otto, an den Kopf geflogen.

Und ehe ich mich versah, saß der Hahn auf meinem Rücken. Dummerweise hatte ich an jenem Tag, wegen der hohen Temperaturen, kein T-Shirt an. Ich glaube ich brauche nicht viel zu erklären. Das Ergebnis war; ein Loch im Kopf und ein zerkratzter Rücken. Ich mochte keine Äpfel mehr, und habe von jenem Tag an einen großen Bogen um den Hühnerstall gemacht.

Die Einschulung

Dann begann auch für mich der Ernst des Lebens. Im September wurde ich eingeschult. Natürlich war die Schultüte das Beste an der ganzen Sache. Ich war ja so gespannt, was da alles drin ist. Doch zuerst wurde viel bla bla gemacht und ich wurde schon allmählich nervös. Dann war es endlich soweit. Es wurde noch ein letztes Gruppenbild von uns I-Männchen geschossen und dabei habe ich eine noch viel schönere, größere und buntere Schultüte gesehen, als ich sie in den Armen hielt. Was mochte da wohl alles drin sein.

Der Junge stellte sich neben mich, und schon wurde meine Neugier gestillt. Die Tüte platzte und es fielen ganz simple Kartoffeln heraus. Was habe ich daraus gelernt? Man sollte niemals nur auf Äußerlichkeiten achten, denn eine schöne Fassade ist keine Garantie für Qualität, wenn nichts dahinter steckt.

Mit dem Inhalt meiner Schultüte war ich allerdings überaus zufrieden, denn neben Süßigkeiten, waren noch allerlei kleine nützliche Gegenstände drin. Das hat mich auch ein wenig darüber hinweggetröstet, dass ich nun jeden Morgen früh aufstehen und zur Schule gehen musste.

Aber schon nach ein paar Tagen bekam ich Sonderferien. Eines Morgens machte mich ein starker Juckreiz auf meinem Kopf nervös. Ich kratzte was das Zeug hielt, aber der Juckreiz verschwand nicht. Meiner Großmutter war mein Kratzen nicht verborgen geblieben und sie hat schleunigst meinen Kopf untersucht. Ihr Kommentar nach der Untersuchung war: »Junge, du kannst nicht zur Schule gehen, dein Kopf steckt voller Läuse.«

Was wusste ich was Läuse sind. Freudestrahlend habe ich mich auf die Straße gestellt und meinen Mitschülern zugerufen:

»Ich gehe heute nicht in die Schule! Ich habe Läuse!«

Irgend ein Freund hatte mir ein paar von seinen kleinen Krabbeltierchen abgegeben. Was dann auf mich zukam war allerdings weniger schön. Meine Oma hat mir ein fürchterlich stinkendes und brennendes Zeug auf den Kopf geschmiert und mir ein Tuch um den Kopf gewickelt. Damit musste ich mich einen ganzen Tag und eine ganze Nacht abquälen.

Am nächsten Morgen wurde mein Kopf gewaschen und ich hatte die Läusebefall überstanden.

In den folgenden Wochen wurden alle Schulkinder untersucht und behandelt. Auch dem coolsten Typ kann hin und wieder etwas Unangenehmes widerfahren.

Auch bei meiner ersten Bachüberquerung hatte ich Pech.

Ihr müsst es ja nicht unbedingt an die große Glocke hängen. Also, ganz im Vertrauen, es ist gar nicht so einfach, einen Bach zu überqueren. Man spaziert lustig durch den Wald und ahnt nichts Böses. Doch plötzlich rauscht ein breiter Bach über den Weg.

Was nun? Zurückgehen kommt natürlich nicht infrage. Also, was muss getan werden? Zuerst schätzt man, wie breit der Bach ist. Schließlich will man ja vorwärts und nicht wieder zurückgehen. Also, da gibt es verschiedene Möglichkeiten, man muss über den Bach springen. Wenn er jedoch zu breit ist, muss eine andere Lösung gefunden werden. Drüber fliegen geht auch nicht, weil man keine Flügel hat.

Da ich ein ausgeschlafener Junge war, habe ich sofort gesehen, dass Steine im Bach liegen. Ich dachte es wäre doch gelacht, wenn ich nicht von einem Stein auf den nächsten springen könnte. Aber Freunde lasst euch nicht täuschen. Steine sind hinterlistig und glitschig, und bevor ich wusste was läuft, saß ich mitten im Bach. Fragt lieber nicht, wie kalt das Wasser in so einem Bach sein kann.

Da zieht sich einem so einiges zusammen. Ganz zu schweigen von den blauen Flecken, die ich am nächsten Tag auf meinem Hinterteil vorgefunden habe. Na, ja, kein Mensch ist vollkommen.

Wo wir schon bei kleinen Unfällen angekommen sind, möchte ich sofort von meinem nächsten Missgeschick berichten. Einmal wäre ich doch beinahe im Moor versunken.

Das war sehr gefährlich. Selbstverständlich hatte ich keine Angst. Oder, sagt es nicht weiter, ich habe mir jedenfalls nichts anmerken lassen. In Wirklichkeit hing mein Herz tief in meiner Hose. Stellt euch mal folgendes vor.

Der Winter war vorbei, und wir konnten endlich wieder im Wald umherstreifen. Und bei einem unserer Streifzüge entdeckte ich wunderschöne, gelbe Blumen. Die wollte ich für meine Mutter pflücken. Und bevor meine Geschwister auf den gleichen Gedanken kommen würden, rannte ich los und lief direkt ins Moor. Ich merkte zwar, dass der Boden unter meinen Füßen weich war, aber dass Sumpfdotterblumen im Moor wachsen, wusste ich damals noch nicht.

Ja, wenn ich so schlau gewesen wäre wie heute, wäre ich nicht ins Moor gelaufen. Jedenfalls, in dem Moment als ich die Blumen zu fassen bekam, bin ich immer tiefer eingesunken.

Als ich bereits bis zur Hüfte im Moor feststeckte, ist mir nichts anderes übriggeblieben, als wieder einmal laut um Hilfe zu rufen.

Meine Schwester und unsere Freunde kamen sofort mit einem dicken Buchenzweig angelaufen. Sie sind vorsichtig näher gekommen und haben mich aufgefordert: »Anton, halte dich am Ast fest!« Ich habe zugepackt und mich festgeklammert und meine Schwester und unsere Freunde haben mich gemeinsam ans rettende Ufer gezogen. Fragt mich nicht, wie ich ausgesehen habe. Die Blumen musste ich leider zurücklassen.

Aber auch dieses kleine Missgeschick habe ich cool überstanden. Nach meiner Rettung sind wir schleunigst nach hause gegangen.

Natürlich haben alle denen wir begegnet sind hinter uns hergeschaut. Beinahe hätte ich ihnen die Zunge gezeigt, aber da ich ein höflicher Junge war, habe ich mich beherrscht.

Am schlimmsten hat es wieder einmal meine arme Mutter getroffen.

Als ich so mit schwarzem Schlamm bedeckt vor ihr stand, wäre sie beinahe in Ohnmacht gefallen.

Wir haben natürlich nicht verraten, dass ich beinahe im Moor versunken wäre.

Die Fische

Bei unserem nächsten Streifzug habe ich so kleine Stichlinge im Bach entdeckt. Ich habe sie gefangen und wollte sie zu Hause in ein Aquarium setzen. Aber ich hatte wieder einmal Pech.

Alle Fische die ich anschließend aus meiner Hosentasche geholt habe, waren tot. Das konnte ich mir nicht erklären, denn es war doch so schön warm in meiner Hosentasche.

Auch Mäuse, mögen keine Wärme. Mein Freund hat mir zwei schöne, weiße Mäuse geschenkt. Ich habe sie in mein kleines Aquarium gesetzt.

Nicht nur einfach so hineingesetzt, nein glaubt mir. Ich habe frisches Heu und ein paar Weizenkörner in das Aquarium gelegt. Es hat den Mäusen so gut gefallen.

Ein paar Tage später, dachte ich, mich trifft der Schlag, da saßen doch plötzlich zwölf kleine Mäuschen im Aquarium. Ich habe mich so sehr gefreut, dass ich einen Luftsprung nach dem anderen gemacht habe.

Leider wusste ich nicht, dass Mäuse so empfindlich sind.

Die Sonne schien so schön, und weil die kleinen Mäuschen es schön warm haben sollten, habe ich sie in die Sonne gestellt. Und weil die Mäuschen nicht davonlaufen sollten, habe ich noch eine Glasscheibe oben aufs Aquarium gelegt. Leider mochten die Mäuse wohl keine Sonne, denn als ich sie abends in den Stall tragen wollte, waren sie alle tot. Darüber war ich sehr traurig. Aber glaubt mir, ich bin kein Tierquäler, ich liebe Tiere.

Das einzig Gute daran war, dass ich aus meinen Fehlern auch etwas gelernt habe.

Wie man mit Holunderbeeren umgehen muss, habe ich auch erst lernen müssen. Wisst ihr eigentlich wie Holunderbeeren schmecken? An einem Tag im Herbst sind wir wieder einmal durch den nahen Wald spaziert. Schließlich waren wir immer auf der Suche nach etwas Essbarem.

Und plötzlich stand er vor uns, ein großer Holunderstrauch, bestückt mit schönen, schwarzen Beeren. Selbstverständlich haben wir die Beeren sofort probiert, und sie waren köstlich, so richtig schön süßsauer. Sie waren genau nach meinem Geschmack.

Meine Schwester musste natürlich wieder einmal meckern, sie hat gesagt: »Ich solle nicht so viele Beeren essen.« Leider hatte sie wieder mal recht, denn es dauerte nicht lange und mir wurde furchtbar übel. Ich kann euch sagen, die Beeren kamen Stück für Stück als Marmelade wieder raus.

Auf dem Heimweg bin ich hinter jeden Busch geschlichen und habe eine violette Spur hinterlassen. Wie, dass möchte ich nicht näher erklären. Aber merkt euch folgendes, es ist ratsam keine Holunderbeeren zu essen. Als ich dann vor meiner Mutter stand, grün im Gesicht, erlitt sie wieder einmal einen Schock. Sie hat sofort Pfefferminztee für mich gekocht. Nachdem ich den Tee getrunken hatte, habe ich mich ins Bett gelegt und mich auskuriert.

Aber, wenn ihr denkt, dass wir nur nutzlos im Wald herumgestrolcht sind, seid ihr im Irrtum. Wir waren sehr fleißig. Schuld daran war meine Schwester. Die konnte ganz schön nervig sein, dass könnt ihr mir glauben. Sie wollte immer etwas sammeln.

Gleich nach der Schule hat sie Butterbrote und eine Flasche Wasser, gemischt mit Himbeersirup, in eine kleine Tasche gepackt und wir mussten mit ihr in den Wald gehen.

Wir haben unseren kleinen Handwagen hinter uns hergezogen und das war anstrengend, denn es ging bergauf.

Und es war heiß, die Sonne schien uns auf den Pelz. Natürlich war die Wasserflasche viel zu schnell leergetrunken. Was habe ich geschimpft, warum hat sie nicht mehr Wasser mitgenommen. Meine grässliche Schwester hat sich immer wieder neue Schikanen für uns ausgedacht.

Mal wollte sie Holz sammeln. Dann wieder Pilze oder Tannenzapfen. Mir graut noch heute davor, wenn ich einen Tannenzapfen sehe. Sie wollte bis zum Winter einhundert Säcke Tannenzapfen sammeln. Im Herbst hatten wir genau siebenundneunzig Säcke, von diesen grässlichen Zapfen auf dem Dachboden liegen. Drei Säcke habe ich am Ende unserer Zapfensuche unterwegs wieder ausgeschüttet, was meine Schwester ganz und gar nicht lustig fand.

Es waren genau die letzten drei Säcke Tannenzapfen, sonst wären es einhundert Säcke geworden. Es war nicht meine Schuld, dass sich, am letzten Tag unserer Tannenzapfen Suche, auf dem Nachhauseweg ein Rad vom Handwagen gelöst hat.

Mit drei Rädern fährt kein beladener Handwagen. Nicht einmal bergab. Wer sollte den Nagel für das Rad holen? Natürlich, ich, Anton.

Aber, da hatte meine Schwester sich ganz schön verrechnet, dass konnte sie mit mir nicht machen. Sollte sie doch diesen blöden Nagel holen. Sie war dann auch einverstanden und hat meinen kleinen Bruder gleich mit nach Hause genommen. Unterdessen habe ich mich neben den Handwagen ins Gras gesetzt, und ließ es mir gut gehen.

Aber, so allmählich wurde es doch ungemütlich.

Was hat meine kluge Schwester sich eigentlich dabei gedacht, mich so allein in einer langsam dunkel werdenden Plantage sitzen zulassen. Hinter jedem Busch konnte ein Monster hervorkommen und mich überfallen.

Was ich nicht bedacht hatte, war, dass es eine gewisse Zeit dauern wird, bis meine Schwester wieder zurückkommt. Und es wurde immer dunkler, und ich schaute mich immer wieder ängstlich um. Man glaubt gar nicht wie unheimlich es in so einer immer dunkler werdenden Plantage werden kann.

In jedem Baum erkannte ich ein Ungeheuer. Aber glaubt nicht, dass ich Angst hatte. Nein, aber es ist einfach zu gefährlich allein in einer dunklen Plantage zu sitzen.

Weil ich ein kluger Junge war, habe ich kurz entschlossen die Tannenzapfen ausgeschüttet und versucht den leeren Wagen hinter mir herzuziehen.

Leider bin ich auch mit dem leerem Wagen nicht von der Stelle gekommen. Dazu kamen diese unheimlichen Geräusche hinter mir. Das war dann doch zu viel für mich. Ich habe mich hinter dem Handwagen versteckt und leise vor mich hin geschluchzt. Als mein Schluchzen immer lauter wurde, glich es mehr dem Heulen eines Kojoten.

Ihr könnt ruhig lachen, aber was hättet ihr in solch einer unheimlichen Situation gemacht? Hättet ihr so tapfer, wie ich, den Handwagen beschützt?

Ich bin sicher, ihr hättet garantiert die Flucht ergriffen.

Wie richtig es war, dass ich ab und zu einen kleinen Laut von mir gegeben habe, hat sich dann auch bestätigt. In der Dunkelheit hätten meine Schwester und mein Vater mich nicht so schnell gefunden. Wie sauer meine Schwester über den Verlust ihrer Tannenzapfen war, könnt ihr euch sicher vorstellen.

Sie wollte einhundert Säcke mit Tannenzapfen sammeln, nun waren es nur siebenundneunzig, und dass war für sie eine Katastrophe. Zu meiner größten Freude setzte dann der große Herbstregen ein und es war vorbei mit der Zapfen Suche.

Aber, dass war noch nicht alles, was wir geleistet haben.

Die Steinpilze

Jedes Jahr im Spätsommer ging es mit der Plackerei los. Meine heiß geliebte Schwester musste unbedingt Pilze suchen. Und das war die Härte. Könnt ihr euch vorstellen, am Sonntagmorgen um vier Uhr aus dem Bett geholt zu werden. Ich war vielleicht sauer, denn es war noch dunkel. Aber das hat meine Schwester nicht gestört. Sie hat einfach eine Taschenlampe mitgenommen. Um überhaupt Pilze zu finden, mussten wir erst ca. 5 Kilometer weit in den Wald hineingehen. Anschließend mussten wir wie Bergziegen ein paar Anhöhen überwinden. Und es war noch feucht und kalt im Wald.

Als dann die ersten Sonnenstrahlen durch die Bäume schimmerten, wurde es langsam wärmer. Und als wir die ersten Steinpilze gefunden haben, bin ich losgelaufen. Ich wollte die schönsten und meisten Pilze in meinen Korb legen. Aber, so sehr ich mich auch bemüht habe, meine Schwester hatte immer die meisten und schöneren Pilze in ihrem Korb.

Als wir gerade die letzte Pilzstelle abgesucht hatten, Steinpilze wachsen nur an bestimmten Stellen, kamen auch schon von allen Seiten Pilzsucher angestürmt. Wir sind stolz mit vollen Körben davongegangen, und die Nachbarn hatten das Nachsehen. Wie sagt man doch so schön: »Wer zu spät kommt den bestraft das Leben.« Auch wenn meine Schwester uns so früh aus dem Bett geholt hat, ein Lob hatte sie verdient. Sie wusste auch immer, wo es etwas zu holen gab.

Wir haben auch Erbsen aufgesammelt. Ja ihr hört richtig. Der Bauer hatte versäumt die Erbsen früh genug zu ernten. Und als er sie dann einfahren wollte, waren sie schon so trocken geworden, dass sie aus den Hülsen gefallen waren. Für uns war es ein Glücksfall. Wir krabbelten auf dem Feld herum und sammelten die Erbsen auf. Aber die Erbsen waren nicht allein auf dem Feld. Und ehe ich bemerkt hatte was läuft, hatte ich bereits dick geschwollene Augenlider. Irgend welche Insekten hatten es auf mich abgesehen und mich außer Gefecht gesetzt. Auch das Bucheckern suchen war nicht mein Ding. Es lagen zwar sehr viele Bucheckern im Wald, aber es war kalt.

Denn an dem Ort wo die meisten Bucheckern lagen fegte ein eisiger Wind über den Hügel.

Im nächsten Frühjahr bekamen wir viele kleine Kaninchen, und die fraßen unheimlich viel.

Meine schlaue Schwester zögerte nicht lange und verlangte von mir: »Anton, wir holen Löwenzahn,« denn Löwenzahn fraßen die Kaninchen besonders gern. Es hat sich zuerst auch alles ganz harmlos angehört. Aber, dass kann ich euch sagen, der Schein trog. Denn nicht nur wir hatten Kaninchen und brauchten Futter.

Nein, die halbe Siedlung war auf der Jagd nach Futter.

Darum mussten wir, wenn wir Futter finden wollten, weit in den Wald hineingehen. Als ich schon protestieren wollte: »Jetzt ist aber Schluss, ich gehe keinen Schritt mehr weiter,« sagte meine Schwester: »Wir sind gleich am Ziel. Wir müssen nur noch den Bach überqueren, über die Wiese gehen, unter dem Stacheldraht durchkriechen und den Hang hinaufgehen.« Das war ein Wort, wir waren am Ziel. Und tatsächlich, als wir den Hang hinaufkamen, stand auf einem Luzernenfeld, der größte und schönste Löwenzahn, den ich je gesehen habe. Wir haben gerupft und so viel wie möglich in unseren Rucksack gestopft.

Aber, gerade als der Rucksack voll war, kam zu unserem Entsetzen, der Bauer mit seinem Pferd über den Feldhügel. Meine Schwester rief: »Der Bauer kommt!« Und schon war sie mit dem Rucksack verschwunden. Ich konnte nicht einmal ohne Rucksack so schnell laufen. Ich kullerte mehr als ich lief den Hang hinunter. Aber es half alles nichts, gerade als ich unter dem Stacheldraht durchkriechen wollte, hatte mich der Bauer am Kragen. Er hielt mich an meiner Jacke fest. Ich strampelte vor Entsetzen und schrie um Hilfe. Tatsächlich war meine Schwester so mutig und kam mir zu Hilfe.

Ich war sprachlos, über so viel Mut, aber zugleich auch froh. Als sie dann bei mir war, zerrte sie ebenfalls an meiner Jacke herum, und schimpfte mit mir. »Schrei doch nicht so laut, der Bauer hört uns.« Als ich mich dann umgeschaut habe, habe ich gesehen, dass es nicht der Bauer, sondern der Draht war, der mich gefangen hielt.

Was soll ich dazu sagen, ich habe doch hinten keine Augen, sonst wäre mir das nicht passiert. Glücklich und mit einem Rucksack voller Löwenzahn sind wir abgezogen, und das Futter hat für eine ganze Woche ausgereicht.

Bei einem unserer nächsten Streifzüge haben wir die ersten roten Kirschen entdeckt. Der Kirschbaum stand in einem verwilderten Garten. Selbstverständlich war ich zuerst auf dem Baum und angelte mir die schönsten Kirschen. Plötzlich rief meine Schwester: »Anton, da kommt ein Mann!«

Sie lief wie ein Blitz davon, und mir blieb die letzte Kirsche im Hals stecken. Was sollte ich machen? Vom Baum hinabsteigen dazu war es zu spät. Also, blieb ich einfach auf dem Baum sitzen. Der fremde Mann hat geschimpft und ist wartend unter dem Kirschbaum stehengeblieben, aber da konnte er lange warten. Als er sah, dass ich auf dem Baum geblieben bin, hat er unseren Futtersack und die Sichel an sich genommen und ist weggegangen.

Nun war guter Rat teuer. Uns blieb nur eine Möglichkeit. Meine Schwester hat die Gegenstände liegengelassen, also musste sie sie auch wieder zurückholen. Sie ist hinter dem Mann hergelaufen und hat so lange gebettelt, bis er ihr unsere Gegenstände wieder zurückgegeben hat. Währenddessen bin ich seelenruhig vom Baum heruntergestiegen und war froh, dass meine Schwester unsere Gegenstände zurückgeholt hat.

Der Winter

Dann kam der nächste Winter, und der war kalt und lang. Weder die gesammelten Tannenzapfen, noch die Buchenzweige reichten aus um mit unserem einzigen Ofen, außer dem Herd in der Küche, die Wohnung zufriedenstellend zu wärmen.

Notgedrungen mussten wir, alles was sich verbrennen ließ, Bücher und alte Bretter in den Ofen stecken.

Leider befand sich unter den verbrannten Büchern auch eine sehr wertvolle alte Bibel. Sie war unbemerkt dazwischen geraten. Unsere Nachbarn waren besonders cool, sie haben alle Fußbodenbretter aus ihrem Haus verbrannt.

In unseren Schlafzimmern war es besonders kalt. Sie wurden nicht beheizt. Wir haben Ziegelsteine auf dem Ofen erhitzt, sie in Zeitungspapier eingewickelt, und sie in unsere Betten gelegt. Morgens waren die Fensterscheiben mit Eisblumen bedeckt. Und wenn wir aus dem Fenster schauen wollten, mussten wir erst kleine Gucklöcher auf die Fensterscheiben hauchen.

Als wir auch das letzte Buch verbrannt hatten, wurde meine Schwester wieder einmal aktiv. Ich musste sie zum Schlackenberg begleiten. Ihr kennt keinen Schlackenberg?

Also Freunde ich erkläre euch jetzt, was das ist. Da steht zum Beispiel ein großes Werk. Eine Gießerei in der Heizkörper gegossen werden.

Jede Gießerei besitzt einen Hochofen, indem Eisenerze oder Schrott geschmolzen werden. Wenn man Erz schmelzen will, benötigt man Koks. Die anfallende Asche und die Schlacke wird dann in Loren aus dem Werk hinausgefahren. So langsam entsteht dann ein Schlackenberg.

Jetzt wollt ihr sicher wissen, was wir mit der Schlacke machen wollten. Selbstverständlich wollten wir keine Schlacke holen. Was uns reizte, war der nicht verbrannte Koks in der Asche.

Aber, als wir dann auf dem Schlackenberg angekommen waren, und was ich dann zu Gesicht bekam, verschlug mir die Sprache. Ihr könnt mir glauben, da waren mehr Menschen als Schlacke. Ich habe meine Schwester gefragt, was sie sich dabei gedacht hat dort überhaupt hinzugehen. Außerdem trug jeder der Anwesenden einen Hammer in der Hand. Zuerst habe ich gedacht, die Menschen wollten sich damit gegenseitig erschlagen. Aber, so war es dann doch nicht. Die Massen buddelten mit ihren Hämmern in der Asche herum, bis wieder eine Lore angefüllt mit Asche vorgefahren wurde. Drei Männer haben die Lore gebracht und die Asche den Abhang hinunter geschüttet, und direkt in die Menschenmassen hinein. Auch die größten noch heißen Schlacken haben die Massen nicht abgeschreckt. Im Gegenteil, sie haben sich auf den wenigen, verbliebenen Koks gestürzt.

Meine Schwester hat sich schnell zurechtgefunden. Als die nächste Lore mit Asche ausgeschüttet wurde, hat sie schon, wie all die anderen in der Asche gebuddelt. Ich habe nur hin und wieder ihr rotes Kopftuch leuchten sehen.

Freunde, denkt aber nicht, dass meine Schwester eine Moslem ist, nein, aber im Winter, bei Eis und Schnee, auf einem zugigen Schlackenberg hättet ihr auch ein Kopftuch umgebunden. Jedenfalls ist sie stolz, mit einem Korb voll Koks, den Abhang heraufgekommen. Endlich hatten wir wieder eine warme Stube.

Nur ich hatte ein Problem. Der Koks musste mit einem schweren Eisenhammer zerkleinert werden, und die Aufgabe hatte ich zu erfüllen. Aber bald gefiel mir die Arbeit, und dann war es ausschließlich meine Arbeit. Denn ich war fest davon überzeugt, dass nur ich so gut Koks zerkleinern konnte. Im Frühjahr waren wir allein auf dem Schlackenberg.

Und wir haben so viel Koks gesammelt, dass er für den nächsten Winter ausreichen würde.

Ein paar Säcke mit Koks hat meine Schwester noch verkauft, und wir waren glücklich über ein wenig Taschengeld. Wenn ich heute daran zurückdenke, war unser Tun nicht ungefährlich. Wir sind mit dem vollen Handwagen über die Bahngleise gefahren, und dass war verboten, weil der Übergang direkt hinter einer nicht einsehbaren Kurve liegt.

Außerdem hatten wir bereits unser gefährlichstes Abenteuer gerade mal so überlebt.

Es geschah im letzten Sommer. Wir waren mit Freunden im Schwimmbad gewesen. Also ich habe das Wasser allerdings gemieden, denn es war einfach unter meiner Würde mit so vielen Menschen ein Bad zu teilen. Außerdem war mir das Wasser viel zu kalt. Das heißt allerdings nicht, dass ich wasserscheu war. Gewaschen habe ich mich schon jeden Tag. Damals wollte meine Schwester mir unbedingt das Schwimmen beibringen, aber ich habe die Angelegenheit immer wieder auf den nächsten

Tag verschoben. Erst viele Jahre später habe ich dann doch noch schwimmen gelernt.

Aber kommen wir noch einmal zu dem besagten Tag zurück. Wir kamen aus dem Schwimmbad und weil es auch am Nachmittag noch sehr heiß war, wollten wir selbstverständlich auf dem schnellsten Weg nach Hause gehen. Und der Weg neben den Bahngleisen war der kürzeste Weg. Es war zwar verboten, die Gleise zu betreten, aber was kümmerte uns das Verbot. Wenn wir an den Gleisen entlanggegangen wären, hätte uns auch nichts passieren können. Aber wir spazierten selbstverständlich zwischen den Gleisen entlang und unterhielten uns angeregt.

Gerade als wir an dem großen Gebläse der Gießerei vorübergingen, kam der Güterzug angefahren. Der Lockführer war entsetzt, als er die vielen Kinder auf den Bahngleisen erblickte. Er betätigte die Lockpfeife und versuchte den Zug abzubremsen. Die Wagons waren mit Erz beladen, und es war ihm unmöglich den Zug früh genug zum Stehen zu bringen.

Hätte meine Schwester sich nicht im letzten Augenblick umgedreht und den Zug gesehen, dann wären zwölf Kinder vom Zug überfahren worden. So aber hat sie entsetzt gerufen:

»Der Zug! Der Zug kommt!« Und alle Kinder sind im letzten Augenblick von den Gleisen gesprungen.

Tagelang waren wir in Blankenburg das Stadtgespräch.

Es war nur gut, dass die Nachricht nicht bis zu unseren Eltern vorgedrungen ist. Manche Dinge muss man einfach verschweigen. Es war unsere Pflicht, Rücksicht auf die eigenen Eltern zu nehmen. Erst viele Jahre später haben unsere Eltern dann erfahren, dass wir die Kinder waren, die beinahe vom Zug überfahren worden wären.

Ja, Ja, die Eisenbahnschienen konnten Geschichten erzählen. Unser Nachbarjunge ist jeden Nachmittag an den Schienen entlanggegangen. Er musste Steinkohle suchen.

Meine Schwester hat ihn einmal begleitet und auch einen halben Korb voll Steinkohle gefunden. Weil der Nachbarjunge jedoch auch nur einen halben Korb voll Steinkohle nach Hause gebracht hat, durfte meine Schwester nicht wieder mitgehen. Am Abend hat sie dann erzählt, dass die Zugführer Mitleid mit dem Jungen hatten. Sie haben ihm ab und zu eine Schaufel voll Steinkohle aus der Lokomotive geworfen. Übrigens waren die Nachbarkinder arme geplagte Kinder. Sie bekamen wenig zu essen, dafür aber um so mehr Schläge mit einer Peitsche. Der Nachbarjunge war trotzdem so großzügig, er hat seine Steckrübe, während der Steinkohlensuche mit meiner Schwester geteilt. Einmal hat unsere Mutter ihn im Stall überrascht. Er hatte sich gerade aus dem Hühnerfutter Kartoffelreste rausgesucht. Meine Mutter hat an dem Tag Hefeklöße mit Pflaumenkompott gekocht und hat den Jungen mit in die Küche genommen. Der arme Bengel hat drei dicke Hefeklöße gegessen. Es waren sehr gutmütige, arme, geplagte Kinder.

Aber jetzt zu unserem nächsten spannenden Abenteuer.

Unsere Geschichte mit dem Panzer wäre für die Nerven unserer Eltern ganz sicher zu belastend geworden. Stellt euch einmal folgendes vor; ihr geht völlig entspannt spazieren und plötzlich, so aus dem Nichts, steht da ein großer Panzer am Wegesrand. Was hättet ihr gemacht? Die Augen schließen und vorbeigehen? Natürlich nicht. Noch dazu wenn weit und breit kein Mensch zu sehen ist.

Ich sage euch, ich bin blitzschnell auf den Panzer geklettert und mein kleiner Bruder ist mir gefolgt. Ihr werdet es nicht glauben, aber die Luke ließ sich öffnen und schon saßen wir im Panzer drin. Ich habe versucht den Panzer zu lenken und wollte losfahren, aber da war nichts zu machen.

Der Panzer hat sich nicht bewegt. Meine Schwester ist, während wir den Panzer untersucht haben, auf der Straße stehen geblieben. Was kann man auch schon von einem Mädchen anderes erwarten. Sie sind einfach zu feige, einmal etwas zu riskieren.

Sie hat herumgenörgelt, und weil der Panzer sich nicht von der Stelle rühren wollte, sind wir wieder ausgestiegen und weitergegangen.

Was dann in den nächsten Tagen passiert ist, hat mich doch ein wenig nachdenklich gestimmt. Russische Soldaten wollten den Panzer abholen, aber als sie die Zündung betätigt haben, ist der Panzer explodiert und zwölf Soldaten waren auf der Stelle tot. Unsere Soldaten hatten den Panzer mit Munition bestückt. Was haben unsere Eltern immer zu uns gesagt: »Kinder, lasst die Finger von herumliegender Munition.« Aber, seid mal ehrlich, würdet ihr vorbeigehen, wenn da plötzlich eine Panzerfaust im Gebüsch liegt und euch anlacht. Ich konnte jedenfalls nicht widerstehen. Zuerst habe ich mit einem Stock auf die Panzerfaust eingeschlagen, aber es hat sich nichts getan.

Also musste ich andere Maßnahmen ergreifen. Ich habe mir ein paar dicke Steine gesucht und dann ein wahres Trommelfeuer veranstaltet. Aber es tat sich immer noch nichts, das Luder wollte nicht explodieren. Natürlich hat meine feige Schwester schon wieder gemeckert. Sie hat gesagt sie will nicht in die Luft fliegen und ist davongelaufen. Mir ist nichts anderes übriggeblieben, als ihr zu folgen.

Aber dann ging die Post ab. Unsere nervige Schwester hat eine Lehre begonnen, und wir konnten uns endlich frei entfalten.

Unsere Streiche

Jetzt waren wir Männer endlich unter uns, und dann ging die Post ab. Zuerst haben wir im Garten einen schönen dicken Hahn gefangen und sind mit ihm auf den Kirschberg gegangen. Dort haben wir den Hahn fachgerecht geschlachtet und über dem Feuer gebraten. Aber es hat sich nicht gelohnt, denn der Hahn war kohlrabenschwarz und zäh wie Leder. Es ist eben noch kein Meisterkoch vom Himmel gefallen. Nur meine Schwester ist tagelang im Garten herumgelaufen und hat ihren Hahn gesucht.

Am Tag darauf habe ich den Güterzug den Berg hinauf schnaufen hören. Ich wusste, dass oben im Wald der Rangierbahnhof ist, und den sollten wir uns einmal genauer anschauen. Mein Bruder und unser gemeinsamer Freund waren sofort begeistert von meinem Vorschlag. Sie wollten sofort wissen, woher ich immer die guten Ideen nehmen würde.

Aber das war doch klar, mein Vater hat immer zu mir gesagt: »Anton, du bist kein kleiner Dummer.« Als wir auf dem Rangierbahnhof standen, war weit und breit weder eine Lokomotive, noch ein Rangeiermeister zu sehen.

Wir konnten uns in aller Ruhe umschauen. Plötzlich hörten wir die erste Lokomotive den Berg hinauf schnaufen.

Mein Bruder hat einen Pfennig auf die Gleise gelegt, und dann haben wir uns hinter den nächsten Busch versteckt. Die Lokomotive ist über den Pfennig gefahren, aber es ist nichts passiert.

Unsere Herzen haben vor Aufregung geklopft. Danach herrschte wieder Ruhe auf dem Rangierbahnhof. Und wir haben unseren plattgefahrenen Pfennig bestaunt. Als wir noch so unschlüssig dastanden, habe ich Hemmschuhe entdeckt. Sie lagen verstreut zwischen den Schienen. Wie unordentlich doch manche Menschen sind. Warum heißen die Dinger Hemmschuhe? Weil sie den Zug am weiterfahren hindern sollen.

Also habe ich Ordnung in die Unordnung gebracht. Ich habe die Hemmschuhe schön ordentlich auf die Gleise gesetzt.

Es hat auch nicht lange gedauert bis der nächste Zug kam.

Weil ich für meine Arbeit kein Lob erwartet habe, haben wir uns wieder diskret hinter unseren Busch zurückgezogen.

Leider, wurde ich bitter enttäuscht, anstatt froh zu sein, dass die Hemmschuhe schön ordentlich auf den Gleisen liegen, ist der Heizer bei jedem Hemmschuh wütend von der Lok gesprungen und hat fürchterlich geschimpft.

Mein Kommentar dazu war, man kann es nicht jedem recht machen, oder, Undank ist der Welten Lohn. Ich war enttäuscht. Sollten doch andere den Bahnhof aufräumen.

Wir würden uns anderweitig nützlich machen.

Fans, ihr ahnt ja gar nicht, was so alles im Wald herumlag. Panzerfäuste, Bomben, Granaten und jede Menge Patronen. So gefährliches Zeug darf man doch im Wald nicht liegen lassen. Stellt euch vor; da zündet eine Familie mit kleinen Kindern ein Grillfeuer auf der Wiese an, und unter dem Feuer liegt Munition. Was dann passieren würde, brauche ich euch wohl nicht erklären. Es käme zu einer fürchterliche Explosion und die Familie wäre tot.

Wer will das verantworten. Also musste sich doch jemand um die Munition kümmern. Und wer kümmerte sich darum? Kein Mensch. An wem blieb die Entsorgung der Munition also wieder hängen? Richtig, am coolen Anton und seinen Freunden.

Aber lange Rede, kurzer Sinn. Wir haben alles was herumlag eingesammelt, fachgerecht geöffnet und das Schwarzpulver in einen Eimer geschüttet. Dann haben wir unser erstes Experiment vorbereitet. Wir haben eine kleine Prise in den Backofen getan und ein wenig von einer leicht brennbaren Lösung drüber geschüttet.

Freunde, ich rate euch, macht das nicht nach, denn als meine Mutter am nächsten Morgen den Ofen angezündet hat und der Ofen heiß geworden ist, hat es laut geknallt. Unsere arme Mutter saß vor dem offenen Backofen und war pechschwarz im Gesicht.

Ich schwor mir, nie wieder Schwarzpulver im Backofen zu trocknen. Aber, wo sollten wir mit dem vollen Eimer Schwarzpulver hin? Endlich kam mir die richtige Idee.

Wir haben den Eimer mit Schwarzpulver auf unseren Dachboden getragen, und ihn in eine dunkle Ecke gestellt.

Wir haben allerdings damals noch nicht so weit gedacht, dass es dort oben im Sommer sehr heiß wird. Hätten wir den Eimer nicht früh genug vom Dachboden heruntergeholt, hätte das Pulver vielleicht unser Haus angezündet. Ohne Dach hätten wir nach dem ersten Gewitter oben ein Schwimmbad vorgefunden.

Aber das Problem war noch nicht gelöst, wie sollten wir das Schwarzpulver entsorgen. Euer Rat, dass man es einfach anzünden kann, ist richtig. Aber wo und wann? Wir mussten erst den richtigen Zeitpunkt abwarten. Und endlich war es dann soweit. Unsere Eltern sind in die Stadt gefahren.

Und dann ging alles blitzschnell. Schließlich waren wir Profis. Zuerst haben wir die Zinkwärmflasche unserer Oma mit Pulver gefüllt. Dann haben wir eine Zündschnur gebastelt. Die war schnell hergestellt. Wie man sie herstellt, verrate ich euch nicht. Ihr könntet sonst auf dumme Gedanken kommen.

Die Schnur musste nur lang genug sein, sonst wäre es für uns zu gefährlich geworden. Die Schnur musste allerdings zuerst präpariert werden. Dann haben wir die Schnur in die Wärmflasche gesteckt und den Verschluss zugedreht. Streichhölzer hat schließlich auch jeder coole Typ in der Hosentasche, und der Rest war dann ein Kinderspiel. Hinter unserem Schuppen war der ideale Platz. Ich habe die Zündschnur angezündet und dann sind wir schleunigst in Deckung gegangen. Aber, dass kann ich euch sagen, ich habe die Sprengkraft des Pulvers ein wenig unterschätzt. Das hat vielleicht geknallt. Und alle Nachbarn sind daraufhin aus ihren Häusern gekommen.

Wir konnten uns gerade noch in unserem Schuppen verstecken. Leider stand der Schuppen nach der Explosion ein wenig schief.

Als meine Mutter den schiefen Schuppen sah, hat sie meinen Vater kritisiert, dass er den Schuppen nicht ordentlich gebaut hat und er den nächsten Herbststurm nicht überstehen wird.

Unser bedauernswerter Vater war sauer und er verstand nicht, warum der Schuppen plötzlich so schief dastand.

Es ist eben noch kein Profi vom Himmel gefallen. Aber wir waren zufrieden, das Pulver war fachgerecht entsorgt, also konnten wir fortfahren und den Wald von der gefährlichen Munition räumen.

Das Osterfeuer

Jetzt waren die Granaten an der Reihe. Zuerst haben wir sie heimlich im Heu unseres Schuppens versteckt. Aber wie sollten wir die Granaten entsorgen? Dass war gar nicht so einfach. Wir mussten notgedrungen wieder den richtigen Zeitpunkt abwarten. In der Zwischenzeit haben wir uns mit dem Motorrad unseres Vaters beschäftigt. Aber Motorräder sind auch so eine Sache für sich, glaubt mir. Über diese Dinger kann man sich schwarz ärgern.

Endlich war mein Vater einmal ohne sein Motorrad auf Streife gegangen, und das Motorrad stand einsam und verlassen im Garten. Und so ein Gerät mussten wir doch unbedingt einmal ausprobieren. Mein jüngerer Bruder und unser gemeinsamer Freund haben mir dabei geholfen.

Zur allgemeinen Freude steckte der Zündschlüssel in der Zündung. Ich brauchte nur noch den Zündschlüssel umdrehen.

Aber irgendwie verstand ich wohl nicht genug von Motorrädern. Das Motorrad qualmte und hustete vor sich hin, aber es wollte nicht anspringen. Das konnte doch nur am Sprit liegen. Also mussten wir den Sprit veredeln.

Wir pinkelten nacheinander in den Tank. Aber auch damit hatten wir keinen durchschlagenden Erfolg, dass Motorrad rührte sich nicht von der Stelle. Wir haben eingesehen, dass man auch nicht alles können muss.

Als mein Vater am nächsten Tag das Motorrad anlassen wollte, hatte er das gleiche Erfolgserlebnis wie wir.

Er hat geschimpft und musste wieder einmal zu Fuß zur Dienststelle gehen. Wir wussten natürlich nicht, warum das Motorrad nicht anspringen wollte. Cool nicht wahr?

Aber so allmählich wurde ich nervös, warten, warten und kein Land in Sicht. Ich sah mich schon als Großvater mit weißem Bart, ehe sich eine Gelegenheit ergeben würde die Granaten zu entsorgen. Außerdem hatten wir ein paar Behälter im Wald gefunden und darin lagen gut geölt volle Patronengürtel. Auch die sollten fachgerecht entsorgt werden. Aber gut Ding braucht Weile und unsere Geduld hat sich wieder einmal auszahlt.

Freunde, stellt euch folgenden Glücksfall vor. Es war kurz vor Ostern und die Menschen aus unserem Dorf hatten fleißig Reisig und Holz für ein schönes, großes Osterfeuer gesammelt.

Mit der Hilfe habe ich absolut nicht gerechnet. Denn wo passen Granaten besser hinein, als in ein schönes, großes Osterfeuer. Als es dunkel wurde, sind wir zum Holzhaufen geschlichen, und haben die Granaten und die Patronengürtel gleichmäßig darin versteckt.

Glaubt mir, wir konnten es kaum erwarten, bis das Feuer endlich angezündet wird. Dann war es endlich soweit. Die ganze Siedlungsgemeinde hatte sich um das Feuer versammelt, und gerade als der Bürgermeister mit seiner Ansprache begann, explodierte die erste Granate. Und dann ging es Schlag auf Schlag. Besonders gefallen haben uns die Patronengürtel. Jeder dachte sofort an ein Maschinengewehr. Das hat vielleicht geknattert. Wir haben uns vorsichtshalber in sicherer Entfernung auf dem Kirschberg versteckt. Und das war unser Glück, denn niemand konnte uns lachen hören. Es sah aber auch zu komisch aus, wie panisch die Menschen davongelaufen sind. Ich meine es war doch nur gerecht, dass wir neben unserer Arbeit auch ein wenig Spaß verdient hatten.

Mal ist man erfolgreich, aber dann hat man wieder kein Glück. So erging es uns mit unserer Bombe. Eines Tages lag sie vor uns, mitten im Wald. Beinahe wäre ich noch über sie gestolpert. Aber das hätte ins Auge gehen können. Denn die Biester sind unberechenbar.

Also, zuerst haben wir sie vorsichtig ausgegraben. Und danach, haben wir uns furchtbar gequält, und das Biest auf den Handwagen gehoben. Zuletzt haben wir die Bombe sorgfältig mit einem Sack zugedeckt.

Das Problem war nur wohin mit einer zentnerschweren Bombe? Da musste ich meine grauen Zellen schon ein wenig anstrengen. Weil ich aber ein ausgeschlafener Junge war, kam mir wieder einmal die richtige Idee. Wozu stand der Regenstein da oben so nutzlos herum.

Ihr kennt den Regenstein nicht? Dann müsst ihr mal nach Blankenburg in den Harz fahren. Da steht er, und jedes Kind kennt den Regenstein. Es ist eine weltberühmte, alte Raubritterburg. Dort gibt es sogar noch ein richtiges, dunkles Burgverlies, in dem noch heute die Knochen, der Verstorbenen liegen.

Dies ist kein Märchen. Es wurden wirklich vorbeifahrende Kaufleute gefangengenommen und solange in dem Verlies gefangen gehalten, bis ein Lösegeld für sie gezahlt wurde.

Anderenfalls mussten die Gefangenen so lange dort unten im dunklen Verlies bleiben bis sie gestorben sind.

Der Raubritter hat auch eine junge Prinzessin gefangen genommen und in der Burg festgehalten. Aber sie konnte mit ihrem Diener von der Sandsteinburg fliehen. Denn die ganze Burg besteht aus Sandstein. Der Raubritter hat so lange die Kaufleute ausgeplündert, bis die Wernigeroder Grafen zu Stolberg ihn gefangen genommen haben. Sie haben ihn in einen Käfig gesperrt, und auf dem Marktplatz in Wernigerode zur Schau gestellt.

Aber ich will euch nicht ablenken. Zuerst einmal zieht sich die Straße zum Regenstein ganz schön hin, und dann führt sie nur bergauf. Das war vielleicht ein Stress, und wir wollten schon kapitulieren.

Auch die neugierigen Blicke der Wanderer haben uns gewaltig gestört. Aber ich sage immer, wenn du eine Sache beginnst, musst du sie auch zu Ende führen.

Außerdem war ich viel zu neugierig auf die Explosion. Schweißgebadet haben wir unser Ziel erreicht und in einem unbeobachteten Augenblick haben wir die Bombe vom Handwagen gehoben und den Abhang hinuntergeworfen. So lautlos wie die Bombe verschwunden ist, so lautlos und enttäuscht sind wir nach Hause zurückgegangen.

Es machte uns keinen Spaß mehr, sich mit erfolglosen Dingen zu beschäftigen. In Zukunft wollten wir es anderen Menschen überlassen den Wald aufzuräumen. Wir haben schließlich mehr als genug getan. Hab ich recht?

Natürlich, darum werde ich mich von jetzt an, mehr um meine Zensuren in der Schule kümmern. Ich möchte später einmal Physik studieren. Denn es stört mich gewaltig, dass immer behauptet wird; die Anziehungskraft der Erde hält alles Leben auf der Erde fest. Ich werde beweisen, dass es nicht so ist. Jeder andere Planet hat einen festen Kern. Aber werden Menschen auf dem Mond vom Mondkern angezogen? Nein. Also. Jeder normale Mensch weiß, dass die Erde von einer dicken Luftschicht umgeben ist. Die Erde dreht sich und presst die Luftschicht auf unseren Planeten. Das Leben auf der Erde kann also nur existieren, wegen der Atmosphäre. Anderenfalls würden wir alle ins Weltall hinausfliegen. Habe ich recht? Denkt einmal darüber nach.

Und tschüs euer cooler Anton.

Ende

Bereits erschienene Bücher von Gisela Paprotny

Belletristik/Kinder- Jugendbücher

1. Buch

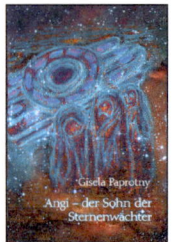

Angi - der Sohn der Sternenwächter
ISBN 978-3-8334-7551-1
ebook 978-3-8391-7755-6

2. Buch

Angi und das Raumschiff
ISBN 978-3-8391-7512-5
ebook 978-3-8391-7754-9

3. Buch

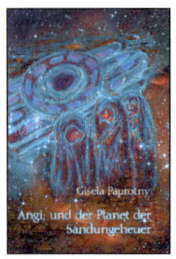

Angi und der Planet der Sandungeheuer
ISBN 978-978-3-8448-6760-2
ebook 978-3-8448-4187-9

Gegenwartsliteratur/Frauenroman

Taigablume
Natascha das Mädchen aus der Taiga
ISBN 978-3-8423-9530-5
ebook 978-3-8448-8691-7

Taigablume
Leid und Glück
ISBN 978-3-8448-3039-2
ebook 978-3-8448-9456-1